D1737069

El cuidado de las mascotas

Los dálmatas

Kelley MacAulay y Bobbie Kalman

Fotografías de Marc Crabtree

🌱 Crabtree Publishing Company

www.crabtreebooks.com

Los dálmatas
Un libro de Bobbie Kalman

Dedicado por Michael Hodge
A Monty. Eres una niña muy buena.

Editora en jefe
Bobbie Kalman

Equipo de redacción
Kelley MacAulay
Bobbie Kalman

Editora de contenido
Kathryn Smithyman

Editores
Molly Aloian
Michael Hodge
Rebecca Sjonger

Diseño
Margaret Amy Salter

Coordinación de producción
Heather Fitzpatrick

Investigación fotográfica
Crystal Foxton

Consultor
Dr. Michael A. Dutton, DVM, DABVP, Weare Animal Hospital,
www.weareanimalhospital.com

Consultor lingüístico
Dr. Carlos García, M.D., Maestro bilingüe de Ciencias, Estudios Sociales y Matemáticas

Agradecimiento especial a
Katherine Kantor, Alexander Makubuya, Lakme Mehta-Jones, Owen Mehta-Jones,
Shilpa Mehta-Jones, Samara Parent, Bailee Setikas, Shelbi Setikas, Sheri Setikas,
Katrina Sikkens, Michael y Jenn Hodge y Monty, Danny Schafer y Reilly y Cruiser

Fotografías
Todas las fotografías son de Marc Crabtree, a excepción de:
© Christie's Images/Corbis: página 6
Cortesía de HatTrick Dalmatians: página 29
Adobe Image Library: páginas 14, 15 (parte inferior)
Comstock: página 21 (carne, leche y huevo)
Digital Stock: página 7
Ingram Photo Objects: página 21 (chocolate)

Ilustraciones
Margaret Amy Salter: página 21

Traducción
Servicios de traducción al español y de composición
de textos suministrados por translations.com

Library and Archives Canada Cataloguing in Publication

MacAulay, Kelley
Los dálmatas / Kelley MacAulay y Bobbie Kalman.

(El cuidado de las mascotas)
Includes index.
Translation of: Dalmatians.
ISBN 978-0-7787-8459-3 (bound)
ISBN 978-0-7787-8481-4 (pbk.)

1. Dalmatian dog--Juvenile literature. I. Kalman, Bobbie, 1947-
II. Title. III. Series: Cuidado de las mascotas

SF429.D3M3318 2007   j636.72   C2007-900436-9

Library of Congress Cataloging-in-Publication Data

MacAulay, Kelley.
 [Dalmatians Spanish]
 Los dálmatas / Kelley MacAulay y Bobbie Kalman.
   p. cm. -- (El cuidado de las mascotas)
 Includes index.
 ISBN-13: 978-0-7787-8459-3 (rlb)
 ISBN-10: 0-7787-8459-2 (rlb)
 ISBN-13: 978-0-7787-8481-4 (pb)
 ISBN-10: 0-7787-8481-9 (pb)
 1. Dalmatian dog--Juvenile literature. I. Kalman, Bobbie. II. Title. III. Series.

SF429.D3M3318 2007
636.72--dc22
                                          2007002066

Crabtree Publishing Company

www.crabtreebooks.com   1-800-387-7650

Publicado en Canadá
Crabtree Publishing
616 Welland Ave.
St. Catharines, ON
L2M 5V6

Publicado en los Estados Unidos
Crabtree Publishing
PMB16A
350 Fifth Ave., Suite 3308
New York, NY 10118

Publicado en el Reino Unido
Crabtree Publishing
White Cross Mills
High Town, Lancaster
LA1 4XS

Publicado en Australia
Crabtree Publishing
386 Mt. Alexander Rd.
Ascot Vale (Melbourne)
VIC 3032

Contenido

¿Qué son los dálmatas?

Los dálmatas son una **raza** o tipo de perros. Los perros son **mamíferos**. Los mamíferos son animales que tienen **columna vertebral**. La columna vertebral es un conjunto de huesos que se encuentra en la parte media de la espalda del animal. Los mamíferos también tienen pelo o pelaje en el cuerpo y sus crías beben leche del cuerpo de la madre.

El cuerpo de un dálmata

oreja

ojo

hocico

pelaje

cola

pata

uña

Dálmatas elegantes

Los dálmatas son perros grandes. La mayoría crece hasta medir entre 19 y 23 pulgadas (de 48 a 58 cm) de altura. Generalmente pesan entre 40 y 65 libras (de 18 a 29 kg). Los dálmatas son muy conocidos porque tienen un pelaje con manchas. El pelaje es blanco y puede tener manchas de color negro o marrón oscuro.

Los dálmatas por lo general viven entre once y trece años.

La historia de los dálmatas

Hace cientos de años que los dálmatas trabajan para las personas. En el siglo XVII, los dálmatas eran **perros de carruajes** en Inglaterra. Corrían junto a **carruajes** o carrozas, como el que se ve más abajo. Los caballos tiraban de los carruajes y la gente viajaba en su interior. Los dálmatas corrían junto a los carruajes para proteger a las personas de los ladrones. A fines del siglo XVIII, algunas personas llevaron dálmatas a los Estados Unidos para que trabajaran como perros de carruajes.

Dálmatas al rescate

Hace cientos de años, los bomberos iban a los incendios en carruajes. Los dálmatas corrían delante de los carruajes para abrir paso entre la multitud. También entraban en los edificios en llamas para ayudar a los bomberos a encontrar personas atrapadas. En la actualidad, muchos departamentos de bomberos tienen dálmatas como **mascotas**. Una mascota es algo que trae buena suerte.

¿La mejor mascota para ti?

Los dálmatas son perros amistosos que pueden ser buenas mascotas para la familia. Sin embargo, no son los mejores perros para todas las familias. Son una raza de perros muy **vigorosos** y necesitan hacer mucho ejercicio todos los días. Además, los dálmatas crecen con rapidez y por tanto son grandes, incluso antes de ser adultos. Si en una casa hay niños pequeños, un cachorro dálmata puede derribarlos al suelo con facilidad.

¿Estás listo?

Antes de tener un dálmata en tu familia, reúne a todos y responde a estas preguntas.

- Los dálmatas **mudan** o pierden mucho pelo. Tendrás que pasar la aspiradora con frecuencia para quitar el pelo. Para que tu mascota mude menos pelo, deberás cepillarla todos los días.

- Los dálmatas necesitan atención. ¿Te asegurarás de que tu mascota reciba toda la atención que necesita?

- ¿Quién le dará de comer todos los días?

- Un dálmata necesita mucho ejercicio. ¿Tu familia está preparada para cuidar un vigoroso dálmata?

- **Entrenar** a un dálmata puede llevar mucho tiempo. ¿Estás dispuesto a trabajar duro para entrenar a tu mascota?

A los dálmatas les encantan los juguetes. ¿Jugarás con tu mascota todos los días?

Un lugar para jugar

¿Vives en una casa grande con un jardín cercado? Si respondiste que sí, entonces tu casa es perfecta para un dálmata. Los dálmatas no deben vivir en hogares pequeños, como apartamentos. Corren mucho por toda la casa. En los lugares pequeños, los dálmatas pueden lastimarse y dañar las cosas de sus dueños.

A tu dálmata le encantará explorar el jardín.

Correr y saltar

En una casa con un jardín cercado, un dálmata podrá correr por todos lados sin estar atado. Sin embargo, los dálmatas saltan muy alto. La cerca debe tener por lo menos de seis a ocho pies (de 2 a 2.5 m) de altura para que tu mascota no la salte.

Un dálmata no debe estar afuera todo el tiempo. Si se queda en el jardín, ladrará todo el día. También puede cavar agujeros. Deja que tu mascota entre en la casa para que sea parte de la familia.

Los dálmatas necesitan ejercicio

¡Los dálmatas pueden correr durante horas sin cansarse! Necesitan más ejercicio que la mayoría de los demás perros. Incluso si tu dálmata pasa tiempo jugando en el jardín, debes llevarlo a caminar todos los días. ¿Estás dispuesto a dedicar una hora diaria para llevarlo a caminar, aun cuando haga frío o llueva?

Parte de la familia

Ayudar a tu dálmata a hacer ejercicio no tiene por qué ser aburrido. Los dálmatas son perros fantásticos para las familias que gustan de las actividades al aire libre. Deja que tu dálmata participe en las actividades de la familia. A tu dálmata le encantará acompañar a tu familia a caminar, andar en bicicleta, ir de excursión y cualquier otra diversión al aire libre.

Un dálmata puede hacer contigo muchas actividades al aire libre.

Cachorros con manchas

Los **cachorros** de dálmata son muy lindos. Un cachorro es una cría de perro. Los dálmatas nacen con pelaje blanco. Las manchas comienzan a aparecer cuando tienen alrededor de dos semanas de edad. Los cachorros dálmatas son divertidos, curiosos y juguetones. Sin embargo, es difícil cuidarlos. Los cachorros necesitan gente a su alrededor todo el tiempo. Deben comer muchas veces al día.

Comer muchas veces

Si tienes un cachorro, dale alimento seco para cachorros. Agrégale un poco de agua caliente para ablandarlo. Deja que el alimento se enfríe antes de dárselo a tu mascota. Dale cuatro comidas por día hasta que cumpla cuatro meses. Cuando tenga cuatro meses, el cachorro necesitará comer alimento seco tres veces por día. Cuando cumpla seis meses, dale alimento seco dos veces por día.

Educar a tu perro

Tendrás que **educar** a tu cachorro dálmata. Los perros educados saben que deben salir para ir al baño. Para educar a tu cachorro, amárrale la correa y llévalo afuera aproximadamente diez minutos después de que coma o beba. Llévalo siempre al mismo lugar. Felicítalo cuando haya terminado. Si eres **constante** en el entrenamiento, tu cachorro aprenderá a llamar tu atención cuando necesite salir.

Elegir a tu mascota

Puedes conseguir un dálmata en diferentes lugares. Antes de comprar uno, pregúntales a tus amigos y al **veterinario** si saben de algún dálmata que quieran regalar. Puedes visitar los **refugios para animales** de tu región para ver si hay alguno. También puedes comprar uno a un **criador** o en una tienda de mascotas. Asegúrate de obtener una mascota de alguien que cuida bien a los animales.

Pruebas documentadas

¿Quieres un dálmata **de pura raza**? Un perro de pura raza tiene padres y abuelos de la misma raza. Para tener la seguridad de que tu dálmata sea de pura raza, trata de obtenerlo de un criador. Un criador debe darte documentos que demuestren que los padres y abuelos del dálmata también fueron dálmatas.

16

Elegir un dálmata sano

Asegúrate de elegir un dálmata que sea sano y al que parezcas gustarle. El perro que elijas:

- no debe tener heridas en la piel

- debe tener pelaje, hocico y trasero limpios

- debe tener pelaje liso y brillante, sin zonas donde no haya pelo

- debe tener dientes limpios

- debe tener ojos limpios y brillantes

- debe tener orejas limpias y sin cera adentro

- debe tener mucha energía

- debe ser amistoso y juguetón

Trata de estar un tiempo con un dálmata antes de elegirlo como tu mascota. Asegúrate de que esté sano y que sea amistoso.

Prepárate para tu mascota

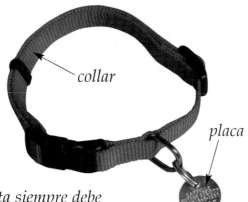

collar

placa

Necesitarás muchos objetos para cuidar a un dálmata adecuadamente. Asegúrate de tenerlos todos antes de llevar tu nueva mascota a casa.

*Tu mascota siempre debe usar un **collar** con una **placa**. En la placa aparece tu número de teléfono. El veterinario también puede usar una aguja para poner un **microchip** con tu dirección debajo de la piel del perro. Si tu mascota se pierde, la persona que la encuentre puede utilizar la placa o el microchip para devolvértela.*

Tu dálmata también necesitará un tazón para el agua y otro para el alimento.

*Un perro grande, como un dálmata, puede caminar mejor si usa un **arnés**. El arnés se pone alrededor del cuerpo del dálmata.*

Amarra una correa al arnés cuando lleves a tu dálmata a caminar.

También necesitará su
propia cama para dormir.

Los dálmatas tienen pelaje grueso y áspero.
Necesitas un **cepillo de cerdas** para
asear, o limpiar el pelaje del cachorro.

Busca un cepillo de dientes
y una pasta dental especiales
para perros y mantén los
dientes de tu dálmata sanos.

Cómprale premios. Úsalos como
recompensa cuando lo entrenes.

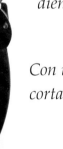

Con un **cortaúñas** especial podrás
cortarle las uñas a tu mascota.

Tu dálmata siembre
debe tener juguetes
para jugar y morder.

También debe tener un **cajón** para
usar como **guarida**, o un lugar
para relajarse y sentirse seguro.

Comidas saludables

Es posible que tu dálmata necesite una dieta especial para estar sano. En la **vejiga** de algunos dálmatas se pueden formar cálculos o piedras duras si comen ciertos tipos de alimento para perros. La vejiga es una parte importante del cuerpo. Los cálculos en la vejiga son muy peligrosos para un dálmata. Tu dálmata debe comer alimento hecho con **carne de ave** o cordero en lugar de **carnes rojas**, como la carne de vaca. Nunca le des **carne de caza** ni **vísceras**.

Dos comidas

Si tu dálmata es adulto, dale alimento dos veces por día. Pregúntale al veterinario qué tipo de alimento es el más saludable. También te puede decir cuánto alimento darle a tu dálmata en cada comida.

Asegúrate de que tu dálmata tenga siempre agua fresca para beber. Lava todos los días los tazones para el agua y para el alimento.

Alimentos poco saludables

Nunca le des a un dálmata algo que no sea alimento para mascotas. Muchos alimentos para humanos pueden enfermar gravemente a los dálmatas. Éstos son algunos de esos alimentos:

- No le des carnes rojas a un dálmata.
- No le des **productos lácteos**.
- Nunca le des huesos para masticar.
- Nunca le des huevos **crudos** ni carne cruda.
- No le des chocolate, ni siquiera una cantidad pequeña.

Consejos de entrenamiento

Dedica tiempo todos los días para entrenar a tu dálmata. Un dálmata aprende rápido, pero le gusta tener el control. Incluso después de que ha aprendido una **orden**, es probable que te ponga a prueba y no siempre te obedezca. Sé constante en el entrenamiento y tu mascota aprenderá a obedecerte siempre.

¡Sentado!

Debes enseñarle a tu mascota órdenes básicas, como "sentado". Usa premios para ayudarla a aprender. Muéstrale un premio. Sostén el premio por encima de la cabeza de tu perro y dile "sentado". Tu dálmata debe sentarse y mirar el premio. Cuando se siente, dale el premio y felicítalo.

Ten paciencia mientras el perro está aprendiendo. Felicítalo cada vez que te obedezca. Nunca le grites ni lo golpees.

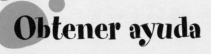

Obtener ayuda

Lleva a tu dálmata a una **escuela de obediencia**, donde se entrenan perros. Los entrenadores de esta escuela pueden ayudarte a entrenar incluso a los dálmatas más desobedientes. Allí, tu dálmata podrá estar con otros perros. En general, a los dálmatas no les gustan los otros perros. Debes entrenar a tu mascota para que aprenda a aceptarlos.

Pídele a un entrenador de la escuela de obediencia que te ayude a presentar a tu dálmata con otros perros.

Buen aseo

El pelaje corto y áspero de un dálmata es fácil de asear. Asea a tu dálmata todos los días para que siempre esté sano y tenga buen aspecto. Primero cepilla el pelaje con un cepillo de cerdas. Luego cepíllale los dientes con un cepillo de dientes y una pasta dental para perros. Baña a tu dálmata cada pocos meses. Usa champú para perros para lavar el pelaje de tu mascota. Un adulto debe ayudarte con algunas de estas tareas.

Orejas y ojos

Todos los días, limpia
suavemente la parte inferior de
las orejas de tu mascota con un
paño húmedo. Luego, observa
el interior de las orejas. Si ves
que están rojas, tienen heridas
o hay mucha cera, llévalo al
veterinario. Luego mira los
ojos de tu dálmata. Asegúrate
de que los ojos no estén rojos
y de que no tengan tierra.

Uñas lindas

Pídele a un adulto que le corte
las uñas a tu mascota con un
cortaúñas para perros. Sólo
se debe cortar una pequeña
parte en el extremo de cada
uña. Si se corta demasiado,
saldrá sangre. Usa **polvo
astringente** para detener el
sangrado. Si el sangrado
continúa, debes llevarlo de
inmediato al veterinario.

Jugar es importante

A los dálmatas les gusta perseguir y masticar objetos. Las pelotas y otros juguetes de goma resistente son ideales para un dálmata. Dale aproximadamente cinco juguetes a la vez. Guarda los demás. Una vez por mes, cámbiale los juguetes para que sigan divirtiéndolo. Si tu mascota tiene un juguete favorito, ¡no se lo quites!

No le des a tu dálmata juguetes de plástico duro que puedan romperse cuando los mastique. Tu mascota se puede ahogar con los pedazos. Todos los juguetes blandos que le des deben estar rellenos con material blando, no con pelotitas. Quita las partes de plástico de los juguetes blandos antes de dárselos a tu perro.

¡Atrápalo!

A los dálmatas les encanta **traer objetos**. Para ello, lanza una pelota o un disco volador en un área cercada. Tu dálmata correrá para traerlo. Entrénalo para que te devuelva el juguete. Querrá que lo persigas para recuperar el juguete. Aunque este sea un juego divertido para un dálmata, no te ayudará a entrenarlo. Al perseguir al dálmata harás que el juguete parezca especial y por eso, la mascota querrá quedarse con él. En lugar de perseguirlo, señala el piso con el dedo y di "suelta". Si el dálmata suelta el juguete, felicítalo. Es posible que al principio debas usar premios para que suelte el juguete.

Medidas de protección

A tu dálmata le encantará estar contigo, pero
hay ocasiones en las que no debes molestarlo.
Por ejemplo, si lo molestas cuando está comiendo,
puede ponerse **agresivo** o enojarse. Podría llegar
a morderte para proteger su alimento. Espera a
que tu mascota termine de comer. Cuando haya
terminado, tendrá muchas ganas de jugar contigo.

No molestes a tu mascota mientras descansa
en su cajón o en su cama. Después de
descansar, estará listo para jugar contigo.

Señales de advertencia

Es posible que tu dálmata te advierta cuando está enojado. Tal vez te mire fijamente y gruña. Si esto sucede, no huyas corriendo ni le grites. Esto lo enojará más. En cambio, permanece muy quieto y deja los brazos a los costados. No mires a tu mascota a los ojos. Di "perrito bueno" con una voz tranquilizadora para tratar de calmarlo. Cuando se calme, cuéntale a un adulto cómo se comportó el perro.

Sonrisas de culpa

¿Sabías que los dálmatas sonríen? Es posible que tu dálmata parezca agresivo cuando sonríe, pero no está enojado. Los dálmatas sonríen cuando están nerviosos o cuando sienten culpa. A menudo sonríen cuando han hecho una travesura.

¡Al veterinario!

Lleva a tu nueva mascota al veterinario para una revisión general y para asegurarte de que esté sana. Tal vez tu dálmata necesite **vacunas**. El veterinario le inyectará vacunas. Llévalo al veterinario todos los años para una revisión general. A menudo, los dálmatas tienen problemas de salud como cálculos en la vejiga. Muchos se quedan **sordos** al poco tiempo de nacer. Un perro sordo no puede oír. Si tu mascota no puede oírte bien, llévalo de inmediato al veterinario.

¡No quiero crías!

En los refugios para animales hay muchos perros que no tienen hogar. No empeores este problema. Haz que **esterilicen** a tu dálmata. Un perro esterilizado no puede tener crías. Si dejas que tu dálmata tenga cachorros, debes encontrarle un buen hogar a cada uno.

Estar atento

Si tu dálmata luce enfermo, llévalo de inmediato al veterinario. Puede estar enfermo si:

- vomita, se desmaya o cojea.

- pierde mucho pelo.

- tiene bultos en el cuerpo, o sus orejas o sus ojos no están limpios.

- bebe más agua de lo habitual o no come nada.

- duerme mucho y no juega.

Una larga amistad

Los dálmatas son perros inteligentes y vigorosos y les encanta la gente. Son excelentes mascotas. Si lo cuidas bien y le das mucho amor, tu dálmata formará parte de tu familia durante muchos años.

Palabras para saber

Nota: Es posible que las palabras en negrita que están definidas en el libro no aparezcan en esta página.

carne de ave (la) Carne de aves como pollos, pavos o patos, que las personas crían para comérselas

carne de caza (la) Carne de animales silvestres como ciervos o conejos, que la gente caza para comérselos

carne de vísceras (la) Carne de un órgano animal, por ejemplo el hígado

constante Comportamiento que no cambia con el paso del tiempo

criador (el) Persona que reúne perros para que tengan crías

crudo Describe alimentos sin cocinar

entrenar Enseñarle a un perro cómo comportarse

microchip (el) Pequeño dispositivo que se inserta debajo de la piel de un animal y que almacena información

polvo astringente (el) Polvo utilizado para detener el sangrado

productos lácteos (los) Alimentos hechos con leche y derivados de la leche

refugio de animales (el) Lugar donde cuidan animales que no tienen dueño

vacuna (la) Sustancia para proteger el cuerpo contra ciertas enfermedades

veterinario (el) Un médico que atiende animales

vigoroso Describe a una persona o animal que tiene mucha energía

Índice